AF465571

LES SOUVENIRS D'UN VIEUX DE LA VIEILLE.

LES

SOUVENIRS

D'UN

VIEUX DE LA VIEILLE.

RECUEIL

Contenant un grand nombre d'Anecdotes militaire et autres avec gravures, arrangées, recueillies et composees

PAR ALBERT D'ANGERS.

Prix: 50 c.

PARIS.

DERCHE, Libraire-Editeur, rue du Marché-Neuf, N° 30.

1845

SOUVENIRS

DE

L'EMPIRE.

DEUX CAPITAINES.

Il y a quarante ans, les sous-lieutenants portaient une épaulette à droite, les lieutenants une épaulette à gauche, dont la patte était traversée par un fil rouge, et les capitaines une épaulette à gauche, mais sans fil.

Napoléon, comme tous les grands hommes, avait ses bons moments et ses mauvais quarts-d'heure. Un jour qu'il passait une revue dans la cour du Carrousel, son cheval, effrayé par le bruit des tambours qui battaient aux champs, fit une pointe, et le petit chapeau, si célèbre depuis, tomba. Un jeune sous-lieutenant, sorti récemment de l'école militaire de Saint-Cyr, le ramassa et le remit à l'empereur : celui-ci se trompant de grade, lui dit : Merci, capitaine. — Dans quel régiment, sire? — Dans ma garde, dit l'empereur, qui ne voulut pas avoir l'air de s'être trompé.

Ce jeune homme est devenu le maréchal de camp baron Rabusson. Napoléon, on le voit, était alors dans un de ses bons moments. Le voici maintenant dans ses mauvais quarts-d'heure.

Le lendemain d'une affaire qui n'avait pas tourné comme il le désirait, il passe la revue d'un des régiments qui y avaient pris part.

— Qui commande cette compagnie? demanda-t-il en se présentant devant le front des voltigeurs.

—Sire, répond un officier qui sort aussitôt des rangs, c'est moi.

— Vous êtes capitaine?

—Non, sire, mais je suis du bois dont on les fait.

—C'est bien, quand je ferai des capitaines de bois je penserai à vous.

LA CONFESSION D'UN SAPEU.

Parbleu! Monsieur l'abbé, disait un vieux sapeur à l'aumônier de son régiment, si jamais il me prend l'envie d'aller vous raconter mes péchés, ma confession ne sera pas longue. Mon ami, l'homme le plus sage pèche au moins sept fois par jour, et s'il y a longtemps que vous ne vous êtes confessé... — Oui, il y en aurait long; mais je vous expliquerais cela en peu de mots; je vous dirais simplement : tout ce qu'on peut faire de mal, je l'ai fait... — Vous mentiriez. — Non, foi de sapeur, je ne connais pas de péché que je n'aie commis. — Vous vous flattez, mon cher. —Commen,t je me flatte, puisque je vous dis que j'ai commis tous les péchés connus. — Mon enfant, la miséricorde de Dieu est infinie, et il laisse toujours au pécheur le plus endurci un moyen d'avoir recours à sa clémence. Je suis bien sûr qu'il y a des péchés bien condamnés par la réligion et que vous n'avez pas commis. — Oh ! mille bombes, s'écria le sapeur, je parierais bien que non. — Ne pariez pas, mais répondez-moi. Avez-vous quelquefois prêté à usure? — Prêté à usure ! comment? — C'est un gros péché et que l'église défend et punit. — Ma foi, non ; j'ai quelquefois prêté et on ne m'a pas toujours rendu, mais à usure, jamais. — Vous voyez donc bien, mon ami, qu'il y a des péchés que vous n'avez pas commis, et quand vous voudrez que nous causions, je vous en indiquerai bien d'autres.

LES DUELLISTES ET LE FABRICANT DE CERCUEILS.

Napoléon n'aimait pas les duels; il les empêchait autant qu'il était en lui, car il avait besoin de tous ses officiers pour vider ses querelles avec l'Europe, bien autrement importantes que les querelles particulières de quelques amour-propres froissés. Lorsqu'il apprenait qu'une affaire d'honneur avait eu lieu dans son armée, il en témoignait tout haut son mécontentement.

Je ne sais quel propos un peu léger avait été tenu par un capitaine des chasseurs de la vieille garde sur le compte de la sœur d'un de ses camarades, comme lui capitaine dans ce régiment. Ce dernier voulut qu'il adressât en présence de sa famille assemblée des excuses à sa sœur, et l'autre s'y refusait, prétendant qu'il n'y avait eu de sa part aucune offense. On résolut de se battre. On se rendit au bois de Boulogne, car la mode voulait déjà à cette époque que ces sortes d'affaires se vidassent là. Ses témoins, qui étaient également des officiers de la garde, essayèrent une dernière fois le rôle de pacificateurs; mais les deux champions ne voulurent rien entendre, les efforts des témoins semblaient au contraire les irriter davantage. Les épées sont donc tirées, lorsqu'un ouvrier, que jusqu'alors personne n'avait aperçu, s'avance, et, s'adressant aux combattants, leur dit d'un ton piteux:

— Hélas! mes chers officiers, je suis un pauvre menuisier sans ouvrage et père de famille. — Eh! mon brave homme, retirez-vous, s'écrie l'un des témoins; nous n'avons pas le temps de vous faire l'aumône : vous voyez bien qu'on va se battre. — C'est pour cela, mes braves officiers, que je viens vous demander la préférence. — Quelle préférence? — Celle de faire les cercueils de ces deux braves officiers; je suis un pauvre menuisier, père de famille, et sans ouvrage. A ces mots, les deux champions immobiles et indécis, se regardent, un éclat de rire leur échappe à tous les deux en même temps; puis il se tendent la main et s'embrassent amicalement. Chacun des assistants ayant ensuite donné une pièce de 20 fr. au pauvre menuisier, père de famille et sans ouvrage, on alla terminer le différend, la fourchette à la main, chez Gillet, restaurateur, à la Porte-Maillot, l'un des plus grands pacificateurs de ce temps-ci.

Cette affaire n'ayant fait couler que le Champagne, l'empereur n'en sut rien. mais à quelques jours de là, un officier supérieur dans les dragons de l'impératrice, bien que n'ayant pas la réputation d'être excessivement brave, n'en eut pas moins un duel très sérieux avec un officier de la garde, qui le blessa dangereusement d'un coup de pistolet. Le grand maréchal en apprend la nouvelle à Napoléon. — Sire, lui dit-il, ce pauvre *** a bien décidément une balle dans le ventre. —Lui, une balle dans le ventre !... Allons donc, c'est impossible !... à moins cepenpendant qu'il ne l'ait avalée.

UN COMBAT SINGULIER.

Un banquiste cheminait tranquillement sur la route de Montbrisson à Villefranche avec ses deux compagnons de voyage, un ours et un singe. A la hauteur de Ville-Genève, il rencontra un boucher qui allait à Tarare, en compagnie d'un boule-dogue. Chacun parla de ses exploits, c'est-à-dire des exploits de son ours ou de son chien. L'amour-propre s'en mêla Le boucher proposa au banquiste d'essayer seulement une rencontre entre l'ours et son chien. L'autre accepta. Voilà donc les deux pauvres bêtes aux prises et se déchirant à belles dents pour la plus grande gloire de leurs maîtres. Le chien déploya dans ce combat beaucoup d'acharnement. Le singe qui trônait en juge du camp sur les épaules du banquiste, voyant la lutte se prolonger et son camarade l'ours en piteux état, s'élança bravement sur le dos de l'animal pour le défendre contre son adversaire le boule-dogue. Mais son maître le rappela, et les combattants furent séparés.

« — C'est grand dommage ! s'écria le boucher, que vous ayez rappelez votre singe, mon chien vous l'aurait avalé d'une bouchée. »

Le banquiste, piqué d'honneur pour son singe, répondit :

« — Nous allons à Tarare ; voulez-vous que nous les y fassions battre ?

— Avec votre singe ! reprit le boucher en riant. Je vous parie 20 francs contre 20 sous que votre Jacques Bonhomme est mort avant dix minutes. »

Le pari fut accepté, mais sous la condition que le singe serait muni d'un bâton d'un pied de long.

Arrives aux portes de Tarare, nos deux hommes s'arrêtèrent dans une auberge, et bientôt un cercle d'amateurs se forma autour d'eux.

Le chien boule-dogue se présenta le premier dans l'arêne avec son maître, puis le meneur d'ours s'avança gravement avec son singe, qu'il descendit de dessus ses épaules pour le placer sur un escabeau, au milieu des spectateurs attentifs et silencieux. Il faut savoir que le singe était d'une petite espèce, et que le boule-dogue était six fois gros comme lui, ce qui ajoutait à la curiosité des hommes et à l'anxiété des femmes, qui se récriaient fort sur la cruauté de ce combat, tout en réclamant les premières places, comme elles sont dues partout au beau sexe.

« — Maintenant, dit le boucher au banquiste, il faut que vous vous engagiez devant la societé à ne point me faire payer votre singe, quand mon chien l'aura mis en capilotade.

— Songez plutôt à votre chien ; pour moi, je vous tiens quitte à l'avance, ainsi que Jacques Bonhomme, mon singe, qui ne craint rien. »

Et en disant cela le meneur d'ours tira de sa poche un petit bâton d'un pied de long et d'un bois noueux, qu'il remit aux mains de son singe en lui disant : « Tiens, Bonhomme, à toi ce gros chien là-bas ! ». Le boucher lâcha son chien sur le singe en lui criant : « Avale moi ça ! »

Les tigres du cirque ne s'élançaient pas avec plus de fureur sur leur pâture humaine que ne fit alors le dogue sur le singe. Le pauvre Jacques Bonhomme, culbuté du premier choc, roula dans la poussière ; le dogue allait le saisir, quand il fit une pirouette en l'air, à l'instant même où on le croyait dévoré ; puis, sautant sur le chien, il se cramponna sur son dos, de manière à ne pouvoir pas être mordu ; il le prit au cou avec ses dents et il empoigna fortement l'oreille de la main gauche, en lui faisant tordre la tête qu'il assujétissait dans cette position très-humiliante pour le dogue et pour le boucher, tandis que de la droite il frappait à coups redoublés sur le museau du malheureux chien, qui jetait des cris de détresse.

Bref, Jacques Bonhomme, le petit singe,

y allait de si bon cœur et tapait si dru de son bâton noueux sur le mufle du bouledogue, que si le boucher n'eût demandé grâce, l'animal expirait sous le bâton. Il était si mal, que son maître fut obligé de l'emporter après avoir payé le pari et essuyé les sarcasmes et les huées de la foule.

L'HEUREUSE RESSEMBLANCE

Dans la commune de Journy vivait une vieille dame veuve, la dame Fournier, née Merlin, qui avait eu la douleur de perdre ses deux filles dans la fleur de l'âge. Propriétaire d'une fortune qu'on évaluait à 700,000 fr., elle n'en vivait pas moins dans le plus complet isolement et avec la plus stricte économie. Elle voyageait pour faire elle-même ses recettes, et, se trouvant, en octobre 1832, assise à la table d'hôte de l'auberge de la Croix-de-Bourgogne, à Boulogne-sur-Mer, elle entend appeler une jeune fille qui se trouvait assise à la même table, du nom d'Adélaïde. Ce nom, qui lui était connu, éveille son attention;

elle fixe ses regards sur celle que l'on nommait ainsi, et reconnaît dans ses traits l'image frappante de l'une de ses filles. Le son de voix vient encore, par sa similitude, accroître l'illusion; aussi, sur la demande qu'elle en fait, n'est-elle pas étonnée d'apprendre qu'Adélaïde Parenty, qu'elle n'avait jamais vue, est la fille de madame Parenty d'Audinghem, sa cousine au sixième degré.

La jeune voyageuse devient aussitôt l'objet des caresses les plus affectueuses et des prévenances les plus attentives de madame Fournier, qui ne la quitte pas sans lui annoncer qu'elle recevrait des marques de son souvenir. Quelques temps après, la dame Fournier faisait prendre à Audinghem les noms de sa jeune cousine, et le 31 août 1833, elle se rendait chez Me Dutertre, notaire à Boulogne, auquel elle dictait un testament par lequel, après les clauses relatives à des soins pieux pour son âme et celles de ses deux filles, elle instituait Adélaïde Parenty légataire universelle de tous les biens qu'elle devait laisser après sa mort. Ces dispositions faites, elle revenait par Audinghem, et faisait part à sa légataire du contenu de son testament, en lui imposant l'obligation d'un inviolable secret jusqu'à sa mort, et même durant les trois jours qui devaient suivre son inhumation.

Le 8 juillet 1838, la testatrice décéda, et son testament ne tarda pas à se produire lors de l'apposition des scellés. Les héritiers du sang voulurent l'attaquer, lui en opposèrent un autre ; mais le tribunal de Saint-Omer maintint à la légataire universelle l'immense fortune qu'une heureuse ressemblance lui avait value.

UN DERNIER EFFORT,

OU

RÉCIT DE LA BATAILLE

DE WATERLOO,

18 JUIN 1815,

(Ecrit sous la dictée d'un vieux grognard).

L'armée française, qui consistait en quatre corps d'infanterie, y compris la garde, et en trois corps de cavalerie, pouvait présenter un effectif de cent vingt mille combattants; elle se trouva rassemblée le dix-huit juin en avant de Planchenois, sur les hauteurs parallèles à celle qu'occupait l'armée anglaise, que l'on découvrait en position sur les plateaux situés en avant de la forêt de Soignes, à laquelle elle était appuyée. Depuis la naissance du jour, elle avait été occupée à opérer divers mouvements pour asseoir ses lignes, et tout annonçait qu'elle était disposée à la plus vigoureuse résistance. Elle se présentait donc, couvrant parfaitement les approches de Bruxelles, à cheval sur les deux routes de Nivelles et de Charleroi, un peu en avant du village du Mont-Saint-Jean, point où elles se réunissent pour pénétrer dans la forêt de Soignes. Le quartier-général de lord Wellington était établi à Waterloo, à l'entrée de la forêt.

Tout l'espace compris depuis le sommet du Mont-Saint-Jean, lequel formait un plateau d'une assez vaste étendue jusqu'à la ferme de la Haie-Sainte, située au pied et un peu en avant de ce Mont, était couvert d'infanterie, dont les masses serrées réfléchissaient une couleur rouge éclatante, mais fort lugubre, par l'idée de sang qu'elle faisait naître. C'était le centre de l'armée anglaise, auquel la ferme de la Haie-Sainte servait de point d'appui, en même temps qu'elle était en quelque sorte la clef de la position.

Le grand plateau du Mont-Saint-Jean se prolongeait des deux côtés, en diminuant beaucoup de largeur le long de la lisière de la forêt. Toutes les hauteurs qui dominent la plaine et les deux routes qui y aboutissent, étaient garnies de troupes et de nombreuses batteries que l'on apercevait facilement. Ces plateaux marquaient complètement le terrain situé entre eux et la forêt, lequel, comme on en acquit plus tard la certitude, était occupé par des réserves considérables de cavalerie.

L'aile droite des Anglais était à cheval sur la route de Nivelles, comme leur centre sur celle de Charleroi; elle s'étendait jusqu'au village de Merkèbraine, dans la direction de Braine-la-Leude, ayant devant elle la d'Hougoumont, environnée d'un bois coupé par des ravins ou sinuosités profondes, et qui, placée un peu à la droite de la route de Nivelles, était pour cette aile droite ce que la Haie-Sainte était pour le centre. De fortes colonnes avaient été échelonnées sur toute la surface qui se trouve entre Hougoumont et le plateau.

La gauche, couverte également par un ravin et la Terre-la-Haie, se prolongeait obliquement vers Frichemont. L'on ne pouvait se rendre compte de son développement que jusque derrière Smeuben, où étaient placées les troupes brunswickoises où l'on présumait que se terminait sa ligne.

Quand toutes les dispositions furent

prises, Napoléon alla se placer sur un mamelon, situé près la ferme de la Belle-Alliance, et d'où il pouvait découvrir tous les mouvements. Seul au-devant de son état-major groupé derrière lui, il était dans un état continuel d'agitation ; tantôt se promenant les bras croisés derrière le dos ou sur la poitrine, tantôt immobile, l'œil attentivement appliqué, soit pour adresser quelques mots aux personnes qui se trouvaient à sa portée, soit pour faire expédier des ordonnances.

Les détonations continuelles et simultanées de plus de cinq cents bouches à feu, dont se composait l'artillerie des deux armées, jointes aux feux répétés des bataillons et des tirailleurs, aux explosions des caissons qui sautaient, atteints par les obus, les sifflements des balles et des boulets, le bruit des armes, le tumulte des charges, les cris des combattants, faisaient un fracas d'autant plus effroyable, qu'il était concentré sur la surface la plus étendue que couvraient les deux armées rapprochées l'une de l'autre, et resserrées dans un espace de peu de longueur.

Cependant, les deux points d'appui de la ligne anglaise avaient été enlevés, et l'armée française, malgré tous les obstacles et bravant tous les périls avec la plus grande intrépidité, gagnait sensiblement du terrain. On ne tarda pas à passer le ravin qui couvrait la gauche de l'ennemi, et ce fut alors seulement que purent s'effectuer les grandes charges qui avaient été ordonnées, et qui avaient pour but d'enfoncer le centre des Anglais, pour pénétrer jusqu'au défilé de la forêt de Soignes. Une première colonne d'attaque très formidable s'avança vers le Mont-Saint-Jean, où le feu le plus épouvantable s'engagea. La cavalerie française s'élança en même temps vers les plateaux pour les escalader et enlever les pièces; mais elle fut à son tour assaillie par la cavalerie ennemie, qui sortit en masse des sinuosités où elle était cachée; des charges successives s'opérèrent et n'eurent pour résultat qu'un horrible carnage. L'affaire se soutint, on ne lâche pied d'aucun côté; de nouvelles colonnes s'avancent, les charges se renouvellent; trois fois la position est sur le point d'être forcée, et trois fois, après des prodiges de valeur, les Français sont arrêtés.

Jamais spectacle plus horrible ne frappa les regards que présentèrent ses charges répétées de la cavalerie. A chaque instant l'on voyait se détacher de part et d'autre de nouvelles masses qui se précipitaient les unes sur les autres. cherchaient à s'écraser. Les chocs multipliés des escadrons étaient affreux : confondus entre eux, et combattant avec fureur, ils ne disparaissaient que lorsqu'ils étaient entièrement détruits. Tout le plateau du Mont-Saint-Jean et les pentes qui y conduisaient étaient couverts de cette mêlée au milieu de laquelle on suivait avec peine la rapidité des mouvements qui s'exécutaient. Des milliers d'hommes et de chevaux tombaient frappés par le fer et par le feu, et les vides opérés dans les rangs étaient aussitôt remplis.

Il était de sept à huit heures. Napoléon qui, jusque-là, était resté sur le plateau où il s'était placé, et d'où il voyait très bien ce qui se passait, contemplait avec un regard féroce ce hideux spectacle d'une aussi effroyable boucherie. Plus les obstacles se multipliaient et plus il paraissait obstiné. Il ne cessait d'envoyer des troupes fraîches. et donner l'ordre de marcher en avant, de charger à la baïonnette et d'enlever. Plusieurs fois on lui fit dire de plusieurs points que l'affaire était mauvaise, que les troupes paraissaient ébranlées. *En avant!* répondait-il, *en avant!* Un général le fit prévenir qu'il se trouvait dans une position à ne pouvoir tenir parce qu'il était écrasé par une batterie, il lui demandait en même temps ce qu'il avait à faire pour se soustraire à l'effet de cette batterie destructive : *S'en emparer*, répondit-il, et il tourna le dos à l'aide de camp.

Un officier anglais, blessé et prisonnier, lui fut amené; il prit de lui quelques informations et lui demanda entre autre chose, quelle était la force de l'armée anglaise. L'officier lui dit qu'elle était très nombreuse, et qu'elle venait de recevoir soixante mille hommes de renfort; il voulait sans doute parler des Prussiens. Tant mieux, dit-il, *plus il y en aura et plus nous en battrons*. Il fit partir plusieurs estafettes, avec des dépêches qu'il dictait à un secrétaire, et répéta plusieurs fois, avec distraction : *qu'il n'oublie pas de dire partout que la victoire est à moi.*

La garde n'avait pas encore donné, et Napoléon comptait sur elle pour mettre bientôt un terme à la fluctuation au milieu de laquelle on se trouvait, et pour arracher une victoire si longtemps disputée à un ennemi qu'il pouvait raisonnablement croire épuisé, déjà même il s'apprêtait à la faire marcher pour frapper les coups décisifs, lorsque des charges répétées de tirailleurs se firent entendre sur notre extrême droite, et semèrent dans notre armée une surprise mêlée d'inquiétude. On ne tarda pas à se dire, et il se répéta partout que des colonnes prussiennes débouchaient sur nos derrières.

On vient en toute hâte annoncer à Napoléon cette fâcheuse circonstance; mais il ne voulut jamais ajouter foi à ces rapports, et répondit qu'on avait mal observé, et que ces prétendus Prussiens n'étaient autre chose que le corp du général Grouchy. Il maltraita même et renvoya avec humeur plusieurs des aides-de-camp qui vinrent successivement lui apporter cette nouvelle : *Allez*, leur dit-il, *vous avez eu peur, approchez sans crainte des colonnes qui débouchent, et vous vous convaincrez que ce sont celles de Grouchy.*

D'après une réponse aussi affirmative, plusieurs d'entre eux, confus de cette méprise, se reportèrent avec confiance vers les tirailleurs prussiens; et, malgré le feu très vif que ceux-ci dirigeaient contre eux, s'avancèrent assez pour s'exposer à être tués ou pris. Il fallut donc se rendre à l'évidence, et il fut d'ailleurs impossible de méconnaître plus longtemps la vérité de ce que l'on avançait, lorsque ces colonnes qui se déployèrent à mesure qu'elles arrivaient, attaquèrent vivement notre droite. La présence des Prussiens changea entièrement la position respective des deux armées qui avaient combattu. Les Français, qui avaient jusque-là conservé une supériorité qui leur promettait la victoire, furent à leur tour menacés d'une déroute désastreuse.

Napoléon s'obstina néanmoins à méconnaître le péril, soit qu'il crût en effet que le général Grouchy suivît immédiatement les Prussiens, soit qu'il conservât l'espoir d'enfoncer les Anglais, il prit la résolution de tout sacrifier pour obtenir le gain de la bataille.

En conséquence, il forma une colonne d'attaque presque entièrement composée de la garde, et la dirigea au pas de charge sur le Mont-Saint-Jean. Ces vieux guerriers s'ébranlent majestueusement et s'avancent vers le plateau avec l'intrépidité qu'on devait en attendre ; toute l'armée reprend vigueur ; le combat se rallume sur toute la ligne. Disposés par échèlons, les bataillons de la garde suivent de près et présentent une formidable colonne serrée, à la tête de laquelle marche la moyenne garde, guidée par le prince de la Moskowa ; la vieille garde la soutient conduite par Napoléon en personne. Cette brillante élite des guerriers français se trouve bientôt en présence des carrés ennemis ; elle les aborde audacieusement et les charge à plusieurs reprises ; mais elle est constamment repoussée; partout elle rencontre un mur de feu et d'airain, aussi terrible qu'impénétrable. En proie aux ravages d'une fusillade foudroyante, qu'ils essuient à bout portant, écrasés par une artillerie épouvantable qui semble se multiplier, c'est en vain que ces invincibles soldats veulent resserrer leurs rangs éclaircis sans interruption par de nouveaux et inévitables coups ; frappés de toutes parts, et, comme s'ils cédaient à l'irrésistible influence d'une puissance surnaturelle, ils hésitent, ils s'arrêtent, et sont prêts à se rompre; le carnage est horrible ; un grand nombre de chefs succombent ; d'autres sont renversés et foulés aux pieds ; la surface peu étendue qui servait de théâtre à ces affreux combats se couvre de tués, et une foule de blessés se retirent sur les derrières, où étalant aux regards d'effroyables mutilations, ils font passer dans toutes les âmes l'abattement et la désolation dont ils sont eux-mêmes saisis.

Mais l'heure de la défaite a sonné ; des masses énormes d'infanterie soutenues par une immense cavalerie, à laquelle nous ne pouvions en opposer, puisque la nôtre était entièrement détruite, fondent sur nos combattants, déjà fortement ébranlés et presque anéantis, les entourent et les somment de se rendre. Lord Wellington, forcé de rendre hommage à la bravoure de nos vieux grenadiers, leur fait dire aussi de se rendre, en ajoutant qu'il les traitera comme les premiers soldats du monde.

Le général Cambronne répond au nom des braves : *La garde meurt ; elle ne se rend pas !* mot sublime que nous pouvons opposer fièrement à celui du héros des Thermopyles: *Allons souper chez Pluton.*

Presque toute la garde tomba plutôt que

de reculer sous les baïonnettes et le tranchant des sabres.

On regrette que de vieux soldats aussi braves soient morts pour un seul homme au lieu de mourir pour la défense de la patrie. Jamais défaite ne fut plus complète ; les meilleurs régiments français moururent en combattant, le reste fut entièrement dispersé. Des cent-vingt mille hommes, il n'en resta pas vingt mille sous les drapeaux ; enfin cette journée fut pour Napoléon ce qu'autrefois la bataille d'Antioche avait été pour Antoine.

Il revint à Paris, où il signa son abdication pour la seconde fois. Il résolut de quitter le continent, et partit pour Rochefort, où il se livra lui-même au commandant d'une croisière anglaise, auquel il dit : *Je viens me livrer au plus implacable comme au plus généreux de mes ennemis, et, semblable à Thémistocle, m'asseoir sur les foyers britanniques.*

Il fut aussitôt conduit en Angleterre, et déposé à bord du Northumberland, et de là transporté à l'île Sainte-Hélène, où il dut être gardé à vue le reste de sa vie, par l'ordre et d'après le consentement des souverains alliés. Le roi de France, le roi de Prusse, l'empereur de Russie, l'empereur d'Autriche et le roi d'Angleterre, y ont envoyé chacun un commissaire chargé de le surveiller.

Ainsi s'est terminé la vie politique d'un homme que nos discordes civiles, les faveurs de la victoire, et les calculs d'une ambition démesurée avait élevé sur le premier trône de l'univers.

Maintenant que Napoléon n'est plus, qu'il appartient tout entier à l'histoire, qu'il nous soit permis, à nous qui ne tenons rien de lui, dont aucun regret intéressé ne dirige la plume, de donner une larme à sa mémoire. Et qui pourrait s'en offenser? La compassion n'est-elle pas permise envers un ennemi vaincu, et à plus forte raison envers un héros dont la gloire se rattache si intimement à la nôtre. Ah! sans doute, s'il eût préféré à cette gloire celle plus solide et plus durable d'être le fondateur de la liberté et du bien-être de sa patrie, il eût été suivi par les regrets, les vœux, le deuil de l'univers, sur le rocger de Sainte-Hélène, qui serait devenu pour lui le premier trône du monde!..... Mais il était homme!

HALBERT D'ANGERS.

LE MARÉCHAL

DUC DE JOYEUSE.

Après avoir perdu son épouse, le duc de Joyeuse, *dit le père Ange*, se fit capucin de désespoir. Dans la suite, deux de ses frères furent tués à la bataille de Courtras. Un troisième se noya dans le Tarn. Ces évènements déterminèrent le père Ange à quitter le froc pour prendre le casque. De capucin qu'il était, il redevint militaire, fit la guerre au roi Henri IV ; et lorsque ce prince fut monté sur le trône, il lui vendit bassement sa soumission au prix du titre de maréchal de France. Il était souvent l'objet des plaisanteries de ce prince, d'humeur caustique. Un jour que le duc de Joyeuse, placé avec Henri IV sur le balcon du Louvre, attirait les regards de quelques gens du peuple, le roi lui dit : « *Mon cousin, vous ignorez le motif de la surprise de ces bonnes gens, c'est de voir ensemble un renégat et un apostat.* » Ces paroles firent un puissant effet sur l'esprit mobile de ce seigneur. Il se retira brusquement aux Capucins, en reprit l'habit, se soumit à leur règle et redevint père Ange. Dans un accès de dévotion intermittente, il fit ses adieux à toute sa famille, ainsi qu'aux personnes de la Cour qui lui étaient proches, et entreprit, sous l'habit de pélerin, de faire le voyage de Rome à pieds nus. Cette folie lui coûta la vie ; il mourut en chemin.

On croit que Boileau a voulu le peindre dans ces vers :

Il tourne au moindre vent, il tombe au moindre choc,
Aujourd'hui dans un casque et demain dans un froc.

C'est de lui que Voltaire a dit :

Il prit, quitta, reprit la cuirasse et la haire.

HALBERT.

L'ORPHELINE

DE LA CHAPELLE

Souvenir d'Italie

A dix lieues de Naples, la forêt la plus solennelle borde une grande vallée qui d'un côté se jette vers Salerme, et de l'autre, en tapissant toujours des rochers, sentinelles escarpées du bord de la mer, s'étend jusqu'à Amalfi. A l'ombre des chênes séculaires est le monastère des pères bénédictins de la Cava. Placé sur la pente de la vallée, il se cache aux yeux des habitants, même des petits hameaux éparpillés dans le bois. Il exerce une influence religieuse sur les personnes qui de loin se représentent le lieu qui l'abrite. Cette retraite paisible, image de ces premières fondations religieuses où la fervente contemplation venait jadis joindre les mains et lever un regard d'espérance vers le ciel, cette retraite est devenue le pélerinage des étrangers comme des gens du pays. Le voyageur, guidé par l'instinct de ses besoins secrets, va demander au sanctuaire de la paix, des sensations consolatrices étouffées au milieu du bruit du siècle, des idées de repos si fort en contraste avec le mouvement social. A cette noble curiosité se joint le puissant intérêt qu'offre la bibliothèque du monastère de la Cava. Dans ses vastes rayonssont venus s'enfouir les siècles éteints. La chevalerie y a déposé ses chroniques merveilleuses, les princes normands leurs diplômes de conquérants. Il y respire encore tout le temps d'autrefois, ce temps d'épopées et de luttes corps à corps ; ce temps où l'Italie, noble d'héroïsme, se partageait entre la croix de l'épée du César allemand, et la croix de sa tiare pontificale. Amour romanesque, dotations, dévotion, superstition, usurpation, conquêtes, tous les titres enfin qui forment la nouvelle époque seigneuriale du royaume de Naples ; moitié Grecs, moitié Lombards s'y rencontrent, et n'attendent que la main qui ouvre leur mine précieuse, qui exploite leur trésor, qui sonne à la porte du monastère et vient de temps à autre troubler le silence extatique où se plongent les religieux.

C'est quelque Allemand, aux yeux bleus et doux, au front méditatif : il a besoin de lire, de compulser, de manier la poussière des siècles; ses affections se sont fondues dans une seule, une affection suprême. celle de la science. Ou bien c'est un Anglais, sombre enfant du Nord, fatigué de lui-même, las de marcher ici-bas, et cependant désireux de voir ou plutôt de regarder.

Le monastère ouvre à tous sa porte hospitalière, et ses hôtes peuvent, selon leur gré, pénétrer dans les secrets intimes du moyen-âge, ou se nourrir à l'écart de cette atmosphère de solitude qui alimente la mélancolie, ou bien enfin prier et mépriser le monde resté en arrière......

C'était par un beau jour d'automne que j'avais quitté Castellamare pour aller à la Cava. Je voulais visiter un de mes compatriotes, abbé de ce monastère, et, comme j'avais commencé un ouvrage, puiser de fécondes inspirations dans cette vallée enchanteresse. Mais comme il était un peu tard quand j'arrivai, et que les religieux se dispersaient dans le bois, je changeai de direction, et m'acheminai du côté de la vallée.

A quelques pas du couvent, je le perdis entièrement de vue, et m'avançai vers un sentier qui devait me conduire au pied de la colline où se trouvait la chapelle de la Madone della Rocca, dite de l'Avocate. Cependant, connaissant mal la route à suivre, voyant le jour baisser, j'hésitais à m'engager plus avant, lorsqu'un chien, auquel je n'avais point fait attention, bien qu'il me précédât, devinant mon nouveau dessein, se mit à aboyer avec une telle force que j'en fus frappé. Voulant savoir si en le suivant je le ferais taire, je recommençai à marcher sur ses traces : alors il baissa la tête et se tut. L'heure, l'endroit, l'embarras, toutes ces considérations tombèrent devant ma vive curiosité, je me laissai guider par ce fidèle animal. Effectivement, comme je l'appris plus tard, ce chien s'était habitué à mener à la chapelle quiconque voulait bien le suivre, et cela parce que le gardien de ce saint ermitage était un vieillard aveugle qui vivait d'aumônes et de souffrances. Mais le pauvre infirme avait encore reçu de la Providence une protectrice, un ange gardien ! A la porte se tenait une jeune fille !

Raphaël le poëte chrétien de la peinture, n'a pas trouvé sous son crayon de plus belle tête de Madone. Il a représenté la beauté sous toutes les formes, hors celle de la misère, et tel était le caractère qu'offrait celui de la jeune fille. A son arrivé, le chien lécha les genoux et les mains du vieillard, aux pieds duquel il vint se coucher. Ce tableau m'attendrissait ; je comprenais tout sans rien savoir.

Thérèse, avant de me demander l'aumône pour l'ermite, ouvrit la porte de la chapelle, me présenta l'eau bénite, alluma un cierge à une lampe de vitre, qui brûlait suspendue. Puis elle me fit signe de m'agenouiller, tira le voile qui cachait la Madone, et se mit à prier à côté de moi. Ses grands yeux noirs, en reflétant la lumière du cierge consacré, regardaient et contemplaient la Vierge. Elle souriait à la mère de Dieu, certaine d'en être écoutée, et il y avait dans son sourire reconnaissance et amour. Les paroles pieuses tombaient lentement et sans bruit de ses lèvres. L'expression de ses traits me révélait en elle cette pensée: «Oh! que vous êtes bonne, reine du ciel! tendez-moi la main quand je remonterai vers vous, ne m'éloignez pas de votre ombre tutélaire.» Je ne songeai plus, moi, qu'à suivre tous les mouvements de Thérèse, et en vérité c'était prier que de la voir en prières, et je tirais de son cœur les émotions qui affluaient dans le mien. Quelle attitude belle et vraie! la misère avait disparu. Les anges n'ont pas de costume. Alors je me sentis artiste; un rayon de flamme traversa ma pensée. Je conçus que Corrège et Canova, avant d'appliquer leurs créations à la toile et au marbre, devaient les avoir conçues et terminées à la fois dans leur imagination, les avoir mises en relief par la modération, et empruntées à un monde supérieur.

Quand je me levai, elle tira le rideau, éteignit le cierge, me donna de nouveau de l'eau bénite, et me fit la révérence en souriant.

« Vous êtes, lui demandai-je, l'enfant du pauvre vieillard?

— Non, monsieur, je suis Thérèse de la Chapelle; on me nomme ainsi; je n'en sais pas davantage. Ma mère est la Sainte Vierge. J'ai vécu sous sa protection; j'ignore mes parents; quand il lui plaira, elle me les fera connaître. — Et ce vieillard? — C'est, dit-elle, le père de ma nourrice qui a eu soin de mes jours; elle m'appelai sa fille, mais elle me disait qu'elle n'était pas ma mère : elle est morte!... » Et m'indiquant du doigt un tombeau sans nom, Thérèse ajouta. « La voilà! elle dort sous ce fragment de roches pour ne plus jamais se réveiller..... C'est là la première chose que j'ai apprise du monde; son père la pleure comme s'il l'avait perdue hier. Je pleure avec lui, mais je le console; car mes larmes lui font du bien, et ma voix le soutient quand j'ai la force de lui parler; il couche dans la chapelle, et moi j'ai un petit réduit dans le rocher même, à côté de la place où repose pour toujours Lucie, ma nourrice. » — Pauvre enfant! m'écriai-je... la vie, la mort confondues côte à côte: c'est bien triste! — Non, monsieur, c'est doux, au contraire : je le crois, au moins : je ne quitte jamais Lucie, bien qu'elle nous ait quittés. »

Thérèse avait dans son sein quelques fleurs fanées, voyant que machinalement je les regardais, elle dit : « Il y en a encore de belles sur le tombeau de ma nourrice, voulez-vous en accepter quelques-unes?... » Je secouai la tête tristement. Quoi! la vie ne semblait là qu'une dépendance du trépas! L'être animé était lié si étroitement au cadavre! Thérèse existait et grandissait sur une tombe.....

Au bout d'un court silence je lui demandai : « De quoi vivez-vous? — De la Providence, répondit-elle. Les étrangers qui viennent donnent l'aumône à la sainte Vierge : elle n'a besoin que de cette lampe.

le reste est pour le pauvre vieillard. Je fais des bas; lorsqu'ils sont achevés, le chien va les vendre; il nous rapporte du pain et des fruits dans le panier. Jusqu'à présent nous n'avons manqué de rien, grâce à ce fidèle ami qui vous a conduit ici; mais je crains beaucoup, monsieur, pour la santé du pauvre Sébastien. Depuis plusieurs jours, sa tête est frappée d'une idée. Dimanche il m'a appelée pendant la nuit, car la porte de la chapelle reste ouverte, et il m'a dit: « Thérèse! Thérèse! — J'étais effrayée; je crus qu'il allait expirer. — Thérèse, reprit-il, après quelques soupirs étouffés, as-tu vu l'ombre de ma fille sortir de son tombeau? elle a soulevé la pierre, elle est venue se pencher sur moi; ensuite elle est entrée dans la chapelle, s'est agenouillée devant la Madone, puis, se levant, m'a dit d'une voix où je ne reconnus rien d'humain: père, venez avec moi, c'est l'heure, mon tombeau a une place pour vous! et elle disparut.... — Depuis ce jour, mon pauvre père n'écoute plus personne, dit continuellement son rosaire, et me répète ces paroles qui me font mourir de douleur: — Thérèse, à bientôt la séparation; la Vierge veillera sur toi tandis que j'irai rejoindre ma fille..... »

En achevant ce récit, la pauvre enfant se mit à fondre en larmes. Je m'approchai du vieillard, et lui offris tous les secours, toute l'assistance dont il pouvait avoir besoin. L'aveugle chercha ma main dans l'ombre, et répondit : « Mon bon monsieur, quand l'heure est accomplie, il faut qu'elle sonne. ma fille a prié Dieu que j'aille la rejoindre. Elle a froid seule dans la tombe : je n'appartiens déjà plus à ce monde. Mon bon monsieur, puisque le ciel vous a conduit ici, et que votre charité m'offre assistance, ayez pitié de la jeune Thérèse ; c'est une enfant qui se déchirerait les pieds à toutes les épines du chemin ; elle mourrait sur mon tombeau si elle n'avait pas une Providence. Servez-lui de père, c'est la prière d'un mourant.

Thérèse se jeta vivement dans ses bras ; et moi, ému, les larmes aux yeux, je lui promis d'exécuter son vœu unique, tout en le rassurant sur son propre sort.

La nuit commençait déjà à me faire perdre les traces du sentier qui devait me mener au monastère. Thérèse devinant mon inquiétude, me dit : « Rassurez-vous ; Tonio, notre compagnon, qui vous a conduit ici, saura bien vous reconduire. » Je pris alors congé du vieillard, en lui promettant de revenir le lendemain.

Mais le lendemain..... il y avait un véritable sujet de larmes. Quoiqu'il fit jour, en descendant vers la vallée pour m'approcher de la chapelle de la Rocca, un pénible pressentiment me serrait le cœur. J'aurais voulu que la chapelle s'éloignât incessamment de moi ; et cependant Thérèse, l'angélique Thérèse y était ! et cependant j'étais bien inquiet du sort du vieillard. Inquiet ! comme si ce pressentiment ne me l'avait pas révélé !

Aucune cloche funéraire ne résonnait : mais à quelques pas de distance je distinguai les gémissements de Tonio : ce hurlement était comme le marteau sinistre, la voix de la tombe ! J'entrai doucement. Thérèse était bien là, prosternée au pied de l'autel; mais son visage avait pâli, mais son œil se relevait avec douleur vers la Madone, et ses deux mains tremblaient croisées sur ses genoux. Je l'appelai après avoir longtemps hésité. Elle retourna lentement la tête. Ses lèvres s'ouvraient sans parler; me faisant signe du doigt; elle me montra Sébastien immobile sur sa couche. Tonio avait déjà attiré par ses aboiements deux charbonniers qui travaillaient dans le bois ; ceux-ci mirent un religieux empressement à ensevelir le corps du vieillard près des restes de sa fille. Un peu de terre le couvrit : tout était fini pour Sébastien.

Si la douleur de Thérèse éclata en sanglots quand elle eut perdu de vue celui qu'elle chérissait tant à cause de son infortune, bientôt sa religion lui fit une loi de ne plus murmurer. « Vous vivrez, lui dis-je, pauvre enfant, et moi j'accomplirai la promesse faite à Sébastien. » Thérèse ne voulut point abandonner l'hermitage avant neuf jours, comme pour bercer et endormir le vieillard dans sa couche éternelle. Le chien resta! Il vivait encore il y a un an. Toujours accroupi sur le rocher tombeau, il ne prenait aucun soin de sa nourriture. Mais les braconniers la lui apportaient tous les jours, et les pères de la Cava, qui ne virent plus venir Tonio au couvent, allaient le visiter comme un enfant en deuil.

Oh ! que le voyageur qui va au monastère n'oublie pas de descendre jusqu'à la Chapelle du Torrent. Il n'aura plus Tonio pour le guider; mais un pieux instinct le conduira aux pieds de la Vierge, au seuil d'un double tombeau.

Thérèse se refusa constamment à entrer dans le monde, et me conjura de la mettre dans un couvent, en me disant : « Je ne dois faire autre chose que de prier pour ceux qui m'ont aimée; car ils ne sont plus, et m'ont légué leur souvenir et le devoir d'implorer pour eux la grâce de Dieu. »

Sa demande a été exaucée; la pieuse créature s'est abritée derrière l'autel. Elle m'écrit qu'elle unit constamment trois noms dans sa prière trois noms sacrés pour elle : celui de Lucie, de Sébastien et le mien.

H......

HILDUIN-LE-PERCHY.

NOUVELLE NORMANDE.

I

Voyageur, bourgeois, chanoine ou gentilhomme, si tu avais cheminé par un jour de beau temps, lorsque le ciel, vide de nuages, laisse voir son azur de velours ; si, dis-je, tu avais cheminé sur la côte Querqueville, en Basse-Normandie, tu aurais vu (au XVIe siècle) un beau et vaste castel.

Ce manoir était habité par maître Hilduin-le-Perchy, écuyer, sieur de Sainte-Croix-sur-Aisier, procureur du roi aux tailles, taillon et capitation en la ville et vicomté de Cherbourg. Une haute tour, à la voix d'airain les jours de fête ou de combat, une triple enceinte de murailles un peu détériorées par la mer, une chapelle à rosaces brillantes de couleurs mélancoliques au soleil du soir, un vaste préau, des forêts de chênes et des landes à l'entour; ami lecteur, en rassemblant tout cela, tu auras le castel de Querqueville au XVIe siècle.

Maître Hilduin touchait à sa soixantième année. Il était veuf depuis dix-neuf ans. Une fille de cet âge, fraîche, jolie et du nom de Lucilda était la consolation de ses vieux ans.

Le 26 avril de l'an de grâce 1597, le châtelain de Querqueville était dans sa grande salle, à régler les comptes de sa charge pendant le mois précédent; assis devant une longue table à clous dorés; il avait à sa droite Jehan Guisard, son secrétaire ; puis, debout autour de lui, ses hoquetons, happe-chairs et autres gens de contrainte, aussi peu aimés des bourgeois de ce temps-là que de ceux de nos jours.

« Combien a donné la porte de la Fauconnerie? disait le procureur du roi, en retroussant sa simarre de velours.

—Neuf livres tournois, répondit Jehan, sur quoi il convient de déduire deux livres pour Notre-Dame et trois livres pour messire Mauduit, l'abbé. »

En ce moment la porte du castel poussa un profond retentissement; on entendit des cris, un bruit de chevaux sur le pont-levis sonore. «Pauvre ! guichetier Louber, criait une voix ; ouvre, ivrogne ! » Et Louber de courir en chancelant vers la poterne avec son trousseau de clefs; car il était ès-cellier du châtelain (où il s'oubliait quelquefois).

« Guisard, dit maître Hilduin, va donc voir la cause du vacarme que font ces gens-là..... »

Les arrivants étaient Raymond, seigneur et patron de Fontenay en Contentin, capitaine de cent lances au service de Henri IV, et six cavaliers à la livrée du roi.

Or, vous saurez, ami lecteur, que ce gentil capitaine était l'amant et le fiancé de Lucilda, la fille jolie de maître Hilduin-le-Perchy, écuyer. Depuis quelques mois, un nouveau galant s'était mis en ligne. On le nommait le comte de Burechard. Il n'était point de race normande, on ne savait même pas d'où il tirait son origine et ses immenses richesses... Il avait acheté un grand fief dans les environs de Granville; et là, en une fête, il vit d'aventure, et aima la belle Colombe de Querqueville; car tout le monde était obligé de finir par l'aimer. Lucilda ne voulut point devenir comtesse de Burechard, comme on le jugera facilement : il y eut bruit, et l'amoureux menaça d'une vengeance.

Messire Hilduin n'était pas homme à soutenir tout seul la lutte terrible; aussi n'eut-il rien de plus pressé que d'appeler à son secours le fils de son ancien ami, l'ami d'enfance de sa fille, son fiancé Raymond de Fontenay.

C'était donc pour répondre à l'appel du père de Lucilda que nous voyons ce beau capitaine arrivant au manoir de Querqueville. Son voyage avait encore un autre but : il devait aller en Angleterre remplir, près de la reine Elisabeth, un message dont l'avait chargé le roi de France.

II.

Sur le penchant d'une verte colline, non loin du chateau de Burechard, s'élevait un hameau habité par des pêcheurs. Quelques bateaux étaient échoués sur une grève voisine de ces cabanes où semblait régner la plus grande pauvreté; une seule cependant annonçait l'aisance : c'était un cabaret tenu par Joc-Mac-Heddy, et portant pour enseigne un bâtiment sans voile, avec cette inscription : *La Jeune Nancy.*

Dans une chambre de cette taverne, deux hommes étaient assis devant une table. L'un d'eux qui paraissait approcher de la quarantaine, était noir et maigre. Son compagnon, enveloppé dans un large manteau, semblait avoir quelques années de moins ; son visage était régulier, son œil vif et perçant, mais une cicatrice fortement tracée détruisait l'harmonie de ses traits et donnait à sa figure une expression sinistre. Ils s'entretenaient avec chaleur, et de temps à autre avaient recours à un broc d'étain qui se trouvait placé devant eux.

« De par tous les saints français! disait le plus âgé, pourquoi refusez-vous mes offres? Deux mille livres et l'affaire est conclue. — Foi de Smuggler! que n'êtes-vous son homme, répondit l'autre. — Je n'ai que faire pour un peu d'argent, de hasarder ma vie dans une telle entreprise. — Non, il est vrai, capitaine Plogoff, l'argent ne vous tente guère;..... Mon maître n'a plus maintenant qu'à se repentir de ses bienfaits passés. — Son argent, dit le chef des contrebandiers, ne l'ai-je pas acheté au prix de mon sang? que veut-il donc de plus? »

Le confident du comte de Burcchard se leva, craignant d'irriter le caractère violent de celui dont il venait requérir les services; il rappela à Plogoff que le comte désirait avoir avec lui une entrevue secrète: ils convinrent du lieu, du jour et de l'heure, et se séparèrent, l'un pour rendre compte à son maître du résultat de sa mission, l'autre pour faire sa cour à la jolie fille de Joc-Mac-Heddy.

III.

Il faisait nuit; un homme sortant de l'enceinte du château de Burechard, se dirigea par un sentier détourné vers le rivage de la mer. Le panache blanc de sa toque brodée se dessinait dans l'ombre, et son manteau de drap d'or, à l'étoile d'argent (insigne du capitaine du guet de la maison du roi), jetait quelques étincelles aux pâles clartés du firmament. Il s'avançait au milieu des rochers escarpés et au bord des précipices contre lesquels la mer se brisait en mugissant. Cet homme marcha près d'une bonne heure sans ralentir son pas; enfin il arriva au fond d'un vallon situé entre deux falaises à pic, et prit sur la droite un sentier qui le conduisit à la vieille tour de Catelan. Les habitans du pays ne passaient qu'en tremblant aux environs de ces ruines, car la superstition populaire en avait fait la retraite des *Goubelains*, esprits malfaisants, fort redoutés en Normandie. Souvent aussi on entendait raconter par le pêcheur du hameau voisin, que pendant les nuits orageuses de l'équinoxe il avait aperçu un fanal, brillant de reflets inconnus, percer de lueurs sinistres l'obscurité de la tempête, et appeler sur des rochers inexorables les bâtiments qui naviguaient dans ces parages.

Ce fut au pied de cette tour que l'homme au riche manteau fut s'asseoir; il se tint quelque temps immobile, écoutant le bruit sourd et prolongé de la mer, et arrêtant un regard profond dans la nuit.

Il ne tarda pas à distinguer, au milieu des ténèbres, une forme humaine qui s'avançait vers lui.

« Comte de Burechard, dit une voix « forte, qu'exigez-vous de moi? — Un « service, Plogoff, répondit le comte; « mais serait-il vrai que tu aies songé à re- « fuser ton bienfaiteur? Cardinet m'a dit:

« Tant qu'il ne s'agira que d'entreprises de mon métier, je serai votre homme, interrompit la forte voix, mais autrement je ne le serai jamais; ma main a fini de servir la vengeance d'autrui. »

« — Tu te méprends sur mes projets, répondit le comte, les voici : Le seigneur de Fontenay, arrivant de la Grande-Bretagne. abordera demain au soir sur cette côte, non loin du château de Querqueville. Quelques-uns de tes gens seront là en embuscade: ils le saisiront. le désarmeront, étoufferont ses cris, et le transporteront sur ton lougre prêt à faire voile.

Je monterai d'avance à ton bord, et le reste sera mon affaire...

« — Foi de Plogoff, vos ordres seront exécutés, comte de Burechard! Mais quel sera mon salaire? »

« — Trois mille livres aux fleurs de lis. »

« —D'accord, dit la forte voix : « A demain. »

« — A demain, » répéta le comte en s'éloignant.

IV.

Minuit sonnait au donjon de Querqueville, et le vent soufflait avec tant de violence qu'à chaque instant les vieux chênes de la châtellenie brisaient en éclats leurs robustes rameaux, la foudre dessinait ses rubans de feu sur le dôme de la nuit sans étoiles.

Une femme entr'ouvrit la porte de l'oratoire où priait la belle jeune fille.

« Damoiselle, dit la vieille Marie-Anne, un navire poussé par la tempête se brise au pied du château.

En effet, un bâtiment était engagé entre deux roches qui se trouvaient à l'entrée de la baie de Querqueville, et la mer le faisait talonner avec tant de violence qu'on s'attendait, d'un moment à l'autre, à le voir se diviser en mille pièces.

Son mât avait été brisé, et ses vergues étaient amenées sur le tillac.

On entendait, par instants, les jurements du maître de manœuvre de l'équipage, qui s'efforçait de virer le cabestan pour faire franchir l'écueil au navire. La mer déferlait avec tant de force que l'écume des flots dépassait les plus hautes falaises, et venait éteindre les feux allumés sur le rivage.

La cruelle agonie des matelots faisait verser des larmes à tous les spectateurs. Lucilda avait été ramenée dans son appartement, où de longs évanouissements donnait trève aux déchirements de son cœur...

Un jour sombre et triste se levait sur la

plus lugubre des nuits, et la vague venait claquer contre le bâtiment naufragé, qui laissait échapper vers la terre des corps morts et des débris. Un homme à cheveux blancs, vêtu d'un habit religieux, des villageois et quelques femmes se pressaient autour d'un cadavre vêtu magnifiquement. Ce malheureux reste, échappé à la tempête, était si défiguré qu'il était impossible de distinguer ses traits. Une médaille d'or suspendue à son cou, fut la seule chose qui le fit reconnaître. Le vieillard, en l'examinant, y distingua des armes, et ses armes étaient celles du très-haut et très-puissant seigneur de Graville et autres lieux.

Le vieillard, rassuré dans ses craintes, levait les yeux vers le ciel, lorsque le seigneur des Marres, gentilhomme, relevant de la seigneurie de Querqueville, vint lui annoncer qu'un officier, suivi d'une troupe de cavaliers s'avançait vers le château. Cet officier était Raymond de Fontenay, qui revenait de son ambassade..... H.

PÉRINETTE

La Vivandière.

Épisode de la garde impériale.

La bataille de Leipsik était perdue; une trahison sans exemple dans l'histoire des nations avait, après trois jours d'un combat de géants, enlevé la victoire à l'armée française. Le général Poret de Morvan, qui avait vu tomber autour de lui ses meilleurs et plus braves officiers, soutenait la retraite à la tête des 3e et 4e régiments de tirailleurs-grenadiers de la garde impériale, réduits de plus de moitié. Placé à l'arrière-garde, il défendait pied à pied le terrain, afin de protéger les convois de blessés, dont la marche était lente, et que menaçait l'ennemi. Cependant la situation devenait à chaque instant plus difficile et plus périlleuse; une fusillade engagée presque à bout portant faisait d'affreux ravages dans les rangs des deux régiments de la garde, déjà si éclaircis par les combats précédents, et l'ennemi, sans qu'on pût l'en empêcher, faisait filer des troupes sur les flancs de notre arrière-garde qui bientôt se trouva enveloppée de tous côtés. Le général fit alors une charge désespérée; armé d'un fusil arraché des mains d'un grenadier blessé mortellement il s'élança à la tête de ses braves. La fusillade cessa alors sur ce point; les baïonnettes se croisèrent, on se battit corps à corps, et après des efforts inouïs, l'ennemi fut culbuté. Au bout de quelques instants, l'ordre se rétablit, les carrés se refermèrent, et les convois furent en sûreté.

Les deux régiments allaient se remettre en marche, lorsque tout-à-coup un grenadier sortant des rangs s'approcha du général Poret de Morvan :

— Mon général, lui dit-il, tous les convois ne sont pas sauvés ; regardez, je vous en supplie, à droite, sur la lisière du bois, à deux portées de fusil de nous environ.

Le regard du général se dirigea vers le point indiqué par le grenadier.

— Je vois, dit-il, une petite charrette dont le cheval abattu a probablement été tué pendant l'action ; mais il n'y a pas de blessés sur cette voiture.

— Non, sans doute, répondit le grenadier ; mais à côté il y a une femme, et cette femme c'est Périnette, la vivandière du 3e. Elle compte sur nous, bien sûr, général, et si vous voulez seulement permettre à quatre hommes de bonne volonté d'aller la débarrasser d'une escouade de Saxons qui l'empêche de rejoindre le régiment.

Le général hésita, car le moindre retard pouvait compromettre le salut du corps qu'il commandait ; mais, d'un autre côté, l'abandon de la vivandière pouvait produire un mauvais effet sur le moral du soldat. M. Morvan prit donc un terme moyen.

— Eh bien ! soit, dit-il, au lieu de quatre hommes de bonne volonté, partez douze, mais ne soyez que dix minutes pour consommer votre expédition, dix minutes, pas davantage.

— Le grenadier et onze de ses camarades s'élancèrent aussitôt au pas de course ; dédaignant de répondre aux coups de fusil envoyés à leur adresse par les tirailleurs ennemis, ils arrivèrent en un clin-d'œil auprès de la vivandière. Les limons de la voiture sont promptement débarrassés du cheval mort, Périnette est placée au milieu de ses provisions ; deux grenadiers s'attèlent aux brancards, deux autres poussent par derrière, et, le feu bien nourri des autres aidant, l'équipage ainsi manœuvré arrive à travers une grêle de balles sur le front de l'arrière-garde.

Le grenadier qui avait provoqué cette petite expédition s'approche alors de M. Poret de Morvan, la main au bonnet :

— Mon général, lui dit-il, quand on vient de contracter une dette que la reconnaissance de toute une vie ne peut acquitter, il faut au moins dire qui l'on est à son créancier. Je me nomme Louis Boudier, simple grenadier, première compagnie, deuxième bataillon, troisième régiment de la garde. Périnette est ma femme, ou à peu près, et à moins qu'un boulet ne nous coupe la respiration à l'un ou à l'autre, ou à tous les deux, nous tâcherons de vous prouver que nous sommes bon à autre chose qu'à ébrécher les coupe-choux de ces gredins de Saxons qui font plus de bruit que de besogne.

Cela dit le grenadier reprit son rang.

Périnette obtint aisément un cheval des équipages de convois, et la retraite continua. Bientôt l'armée rentra en France, et commença cette immortelle campagne dont les prodiges ne purent préserver Paris de l'invasion ; puis, après une année de deuil, arriva le 20 mars 1815, qui calma tant d'amers regrets et fit naître tant d'éphémères espérances.

Le général Poret de Morvan avait, un des premiers, repris son commandement dans l'armée impériale, et le 18 juin, à la bataille de Waterloo, il était à la tête d'une brigade de vieux grenadiers. Vers dix heures et demie, les chasseurs arrivent sur le plateau de Waterloo ; le général Friant est à leur tête, le général de division Michel et le général de brigade Henrion le suivent. Le premier régiment est commandé par Cambronne ; la deuxième, aux ordres du général Poret de Morvan, reste en position sous le feu de l'ennemi. Cambronne se trouve assailli par le feu meurtrier; le maréchal Ney, commandant cette vaillante colonne, est partout ; mais bientôt les généraux Michel et Friant sont grièvement blessés ; Cambronne tombe presque en même temps, et il est fait prisonnier. Le désordre commence à se mettre dans les rangs, lorsque les grenadiers, commandés par le général Poret de Morvan, arrivent au pas de charge sous les feux croisés des boulets, de la mitraille et de la mousqueterie. Le calme de ce général, l'attitude impassible de ses grenadiers inspirent l'espoir et la confiance ; le calme se rétablit. on se déploie. Le combat devient plus terrible ; la ligne anglaise est enfoncée, et le plateau, auquel paraissait attaché le sort de la journée, va rester à la brave colonne du général Morvan, lorsqu'une seconde colonne anglaise et une masse formidable de cavalerie fondent sur eux et leur arrachent la victoire.

Cependant le général Poret de Morvan combat toujours. Couvert de blessures, cerné, harassé de toutes parts, il parvient à faire une trouée avec les grenadiers qui lui restent; mais ses forces sont épuisées avec son sang; il ne peut aller plus loin et il tombe sur un monceau de cadavres.

— Retirez-vous, mes amis, dit-il à ses soldats d'une voix défaillante; quant à moi j'ai rempli ma tâche.

— Halte à la tête! s'écria en ce moment avec énergie un des grenadiers; comment, mille noms d'un nom, nous abandonnerions le général qui n'a jamais abandonné personne, lui!

Cette voix était celle de Louis Boudier, qui, le bras gauche cassé par une balle, et ne pouvant plus manœuvrer son fusil, s'en servait tantôt comme d'une lance, tantôt comme d'un massue. Les paroles du grenadier furent néanmoins impuissantes à faire cesser le mouvement rétrograde; la retraite continuait rapide et sans ordre.

Alors Boudier, mettant entre ses lèvres deux doigts de sa main droite, fit entendre un coup de sifflet tellement aigu et prolongé, qu'il raisonna au loin, traversant en quelque sorte le bruit du canon et de la fusillade. A ce coup de sifflet, il en fit succéder un second, et il se disposait à redoubler, lorsqu'à la faveur d'une éclaircie qui se fit au milieu de l'épais nuage de fumée dont le champ de bataille était couvert, il aperçut une femme qui, un sabre d'une main, un pistolet de l'autre, et un petit baril en sautoir, s'avançait leste et fringante sans s'occuper des balles qui sifflaient à ses oreilles.

— Ici ! ici Périnette ! s'écria le grenadier.

— C'est un peu tard, le baril est vide, répondit la vivandière.

— Silence, Périnette ! aide-moi à charger le général sur ma bonne épaule, et marche en éclaireur.

En un instant il fût fait ainsi que l'avait dit Boudier. Ils parvinrent bientôt à gagner le lieu où se trouvait la carriole de la vivandière, dans laquelle le général fut placé le plus commodément possible. Le grenadier s'assit sur le brancard et Périnette enfourcha le cheval, qui, stimulé par les coups de plat de sabre que la vivandière ne lui épargnait pas, arriva vers minuit à six lieues du champ de bataille.

— Quel désastre! disait le général, j'ai bien peur, mon pauvre Boudier de ne pouvoir jamais reconnaître le service que je viens de recevoir de toi.

—Ne vous inquiétez pas de ça, général, la chose est faite, et je me suis donné la récompense *à soi-même*.

— Comment cela? mon brave.

— Suffit, je m'entends, vous êtes faible, la conversation n'est pas dans la consigne du moment, au contraire.

Il fallut bien que M. Poret de Morvan se contentât de ces excellentes raisons, car il ne put en obtenir d'autres. Cependant l'armée commençait à se rallier, les ambulances s'organisaient, le général put être pansé et parvint à se procurer un fourgon avec lequel il se fit transporter jusqu'à Paris.

II.

Plusieurs mois s'étaient écoulés, la capitale de la France avait, une seconde fois, ouvert ses portes à l'étranger; triste mais résigné, le général Poret de Morvan vivait paisiblement au milieu de sa famille, lorsqu'un matin il vit entrer chez lui l'ex-grenadier Boudier qui, licencié avec l'armée de l'autre côté de la Loire, avait repris le costume civil.

— Eh bien! mon brave, lui dit M. de Morvan, n'avais-je pas raison de dire que je ne pourrais malheureusement pas te récompenser comme ton dévoûment le méritait?

—Pardon. excuse, général, mais vous aviez tort ce jour-là, et aujourd'hui vous avez encore plus grand tort.

— Très-bien! fit le général en souriant, et tu viens sans doute ici pour me mettre à la raison?

— Bien touché! cette fois vous avez deviné d'emblée.... à moins que vous ne vouliez vous rattraper avec ces messieurs qui ont déjà fait passer le goût du pain à Ney, à Brune, à Ramel, à Labédoyère. Ils feraient fusiller le père éternel, s'ils pouvaient le pincer avec une cocarde tricolore à son serre-tête. En conséquence, général, je viens vous prévenir que si vous n'êtes pas las de respirer le grand air sous la calotte des cieux, vous ferez bien de gagner au large immédiatement et vivement.

Et en effet, vingt-quatre heures s'étaient à peine écoulées depuis la visite de Boudier, lorsqu'un colonel de l'état-major se présenta chez le général de la vieille garde, accompagné d'un maréchal-des-logis de gendarmerie et d'un commissaire de police, et lui déclara qu'il était chargé de l'arrêter et de le conduire à l'abbaye.

Après des peines infinies sa femme parvint enfin jusqu'au duc de Feltre, alors ministre de la guerre.

— Madame, lui dit cet homme, qui avait été le compagnon d'armes du général Morvan, et sans laisser à la malheureuse femme le temps d'articuler un seul mot, je sais ce qui vous amène et vous engage à mieux employer votre temps désormais. Votre mari est un conspirateur, et sera conduit à Strasbourg pour y subir le sort de Ney et de Labédoyère.

Et comme l'infortunée, en proie au désespoir, venait de rentrer à son hôtel, un homme s'y présenta aussitôt; c'était Louis Boudier.

—Ne vous chagrinez pas, madame, dit-il, et suivez votre mari. Et comme pour vous rendre à Strasbourg vous passerez nécessairement à sainte Marie-aux-Mines. tâchez d'obtenir que le général et son escorte y restent la nuit. Il n'y a qu'une auberge un peu sortable, le Lion d'Or ; j'y serai, car je pars aujourd'hui avec Périnette pour vous préparer les logements... Surtout, madame, n'oubliez pas Sainte-Marie-aux-Mines, l'auberge du Lion-d'Or et le grenadier Louis Boudier, qui vous jure bon gré malgré de sauver le général.

Et sans s'expliquer davantage le vieux soldat disparut.

Quoique peu rassurée, madame de Morvan fit tout ce qu'il était nécessaire, et obtint d'accompagner son mari. On arrive à Sainte-Marie-aux-Mines, où madame de Morvan fait heureusement arrêter à l'auberge du Lion d'Or. Ce n'était encore qu'un premier succès car le brigadier poussait d'ordinaire la précaution jusqu'à se faire dresser un lit dans la chambre de son prisonnier.

Deux heures s'écoulent , les gendarmes sont accablés de prévenances par une servante vive, accorte, enjouée; stimulé par quelques verres d'un vieux vin du Rhin, le brigadier risque des compliments, puis des propos lestes et gaillards, et demande enfin un rendez-vous qui se refuse de manière à laisser deviner qu'on y consent.

A onze heures le général dormait profondément ; à minuit le brigadier entrait dans le chambre de la gentille servante. Mais au moment où il venait de saisir la main qu'on lui tendait pour le guider dans l'obscurité , Périnette, car c'était elle, venait de fermer la porte à double tour, et d'en jeter la clef par la fenêtre.

Et pendant que le brigadier effrayé menaçait de briser la porte si on ne la lui ouvrait immédiatement Louis Boudier était entré dans la chambre du général , l'avait roulé et pour ainsi dire emmaillotté dans ses draps, et le chargeant sur ses épaules , descendait rapidement les escaliers, en lui disant : Maintenant si on vous arrête, au moins vous ne serez pas fusillé seul.

Ces paroles arrêtèrent un cri près d'échapper au général, et tous deux un qnart d'heure après étaient hors de danger.

Deux ans après, le général Poret de Morvan rentra en France. Il voulut en revenant d'Allemagne, passer à Sainte-Marie-aux-Mines, et visiter cette auberge du Lion d'Or, où il avait été sauvé d'une manière si bizarre et si audacieuse. Quelle fut sa surprise en y arrivant d'y être reçu par Boudier et Périnette, qui en étaient devenus propriétaires.

— Général, lui dit l'ancien grenadier, permettez que je vous présente ma femme, nous sommes ici chez nous et c'est à vous que nous devons tout cela, car si vous n'aviez pas eu pitié de la vivandière à Leipsick, il y a long-temps qu'elle, sa carriole et le petit magot qu'elle contenait seraient bien loin. — Mes bons amis, répondit le général, n'estce-pas moi qui vous doit tout mon bonheur et celui de ma famille? Pauvre Périnette, quand je pense que ce brigadier pouvait vous tuer.

— Ah! bah! répondit en souriant l'ex-vivandière du 3e régiment des grenadiers de la garde, j'en avais vu bien d'autres.

FIN.

Paris, Imprimerie STAHL, Quai Napoléon 21.

www.ingramcontent.com/pod-product-compliance
Ingram Content Group UK Ltd.
Pitfield, Milton Keynes, MK11 3LW, UK
UKHW012100240726
13965UKWH00004B/1441

9 782013 047616